ATTESTATIONS

DES

SERVICES RENDUS

PAR

UN OFFICIER

SORTANT DU VAL-DE-GRACE

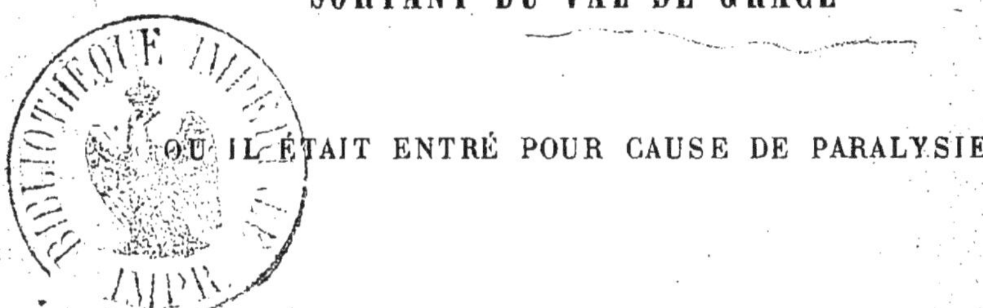

OU IL ÉTAIT ENTRÉ POUR CAUSE DE PARALYSIE

PARIS

IMPRIMERIE DE DUBUISSON ET Ce

5, rue Coq-Héron, 5

1860

Paris, le 14 Juillet 1858.

Monsieur,

Je suis informé du dévouement avec lequel vous avez concouru à l'extinction de l'incendie qui s'est manifesté le 6 juin dernier, rue de Seine et de l'École-de-Médecine, dans les magasins de nouveautés du *Grand Condé*.

Je vous félicite sur votre belle conduite dans cette circonstance, et vous prie, Monsieur, d'agréer, avec mes remercîments, l'assurance de ma considération distinguée.

Le Préfet de Police,

BOITTELLE.

Nous, soussignés, membres de la commission formée par M. le maire du XIe arrondissement, pour distribuer le produit d'une souscription ouverte à la mairie en faveur des victimes de l'incendie du *Grand Condé*, qui a eu lieu en juin 1858, avons été chargés de faire une enquête pour connaître ceux qui avaient des droits à cette souscription, soit à raison des pertes qu'ils ont pu faire, ou des blessures qu'ils auraient reçues soit comme récompense de leurs actes de dévouement.

En nous livrant à cette enquête, nous avons appris que le sous-lieutenant Sabattier, en non-activité pour cause de maladie, lorsque le sinistre a éclaté, avait montré un courage et un dévouement dignes des plus grands éloges.

Ces faits doivent être connus de M. Allard, commissaire de police, et de M. Bouche, officier de paix, qui sont restés sur les lieux pendant tout le temps de l'incendie.

Ce brave officier, dont nous signalons la remarquable conduite, n'ayant demandé aucune récompense pécuniaire, nous considérons comme un devoir de lui délivrer le présent certificat pour lui servir et valoir au besoin.

Paris, le 9 janvier 1860.

MOUREAU, chevalier de la Légion d'honneur.
2, rue de Tournon.

JOHN.
76, rue de Seine.

Vu par nous, maire du XIe arrondissement de Paris, pour légalisation de la signature de MM. Moureau et John, apposée ci-dessus.

Paris, le 11 janvier, 1860.

L. LE VERDIER.

GARDE NATIONALE

DÉPARTEMENT DE LA SEINE.

La Villette, le 24 août 1858.

Je soussigné, Lelong fils aîné, capitaine commandant la première compagnie du 29e bataillon de la garde nationale de la Seine,

Certifie que M. Sabattier, sous-lieutenant au 79e régiment de ligne, s'est présenté à l'incendie qui a éclaté le neuf courant, depuis huit heures du soir jusqu'au lendemain deux heures du matin, et a fait son devoir de brave militaire.

En foi de quoi jé lui ai délivré le présent pour lui servir au besoin.

LELONG fils aîné, capitaine.

Vu pour certifier la signature du sieur Lelong, ci-contre apposée.

La Villette, le 25 août 1858.

Le Commissaire de police,

V. de P. LECLERCQ.

Paris, le 29 juin 1858.

A Monsieur le Préfet de police, à Paris.

Monsieur le Préfet,

J'ai l'honneur de recommander à votre bienveillance M. le sous-lieutenant Sabattier, qui vous a fait connaître qu'il avait perdu un portefeuille renfermant des papiers importants de famille, et espérant que par les soins de votre administration, il pourra être retrouvé. Ce jeune homme, qui est sorti depuis peu de l'hôpital du Val-de-Grâce, où il a été traité pour une maladie très grave, s'est fait remarquer par les efforts les plus louables pendant l'incendie du *Grand Condé*. Je vous serai très reconnaissant, Monsieur le préfet, de ce que vous pourrez faire pour cet officier, tout à fait sans fortune, et auquel je m'intéresse beaucoup.

Je vous prie, Monsieur le préfet, de recevoir l'assurance de ma haute considération.

Le Général de Division,

DAULLÉ.

Paris, le 29 juin 1858.

Monsieur le Commissaire de police du quartier du Grand Condé, *à Paris.*

Monsieur le Commissaire,

Monsieur le sous-lieutenant Sabattier a fait les efforts les plus louables pendant l'incendie du *Grand Condé;* ils sont d'autant plus méritants, que cet officier est sorti depuis peu du Val-de-Grâce, où il a été traité pour une maladie très grave, et qu'il a encore besoin de beaucoup se ménager. Ce jeune homme, qui est tout à fait sans fortune, en instance actuellement pour rentrer dans un régiment, obtiendrait peut-être plus promptement ce qu'il demande si ce qu'il a fait à l'occasion de ce grand sinistre était connu; si donc vous avez été instruit de la conduite de cet officier, je vous serai très obligé si vous voulez bien la signaler.

Je vous prie, Monsieur le Commissaire, de recevoir l'assurance de ma considération.

Le Général de Division,

Signé DAULLÉ.

Je soussigné, principal locataire de la maison sise rue de Seine, n° 89, certifie que, le jour de l'incendie du *Grand Condé*, n° 87, rue de Seine, j'ai vu M. Sabattier, sous-lieutenant au 79e de ligne, faire pendant toute la nuit un service extraordinaire, d'un courage et d'une intrépidité sans égal.

Je l'ai vu, traversant les décombres et les flammes, arracher à leur proie divers objets qu'il a apportés lui-même et fait apporter par diverses personnes, tant civiles que militaires, dans la maison que j'habite.

Paris, le 6 janvier 1860.

Signé : Richard.

Je soussigné, Jean Barbès, marchand de vins, rue de Seine, n° 74, crois accomplir un devoir d'honneur et de justice en signalant à qui il appartiendra la conduite de M. Sabattier, sous-lieutenant d'infanterie, au moment du désastre des magasins du *Grand Condé*.

Présent au début de l'incendie, je n'ai pas cessé de remarquer le zèle et l'intrépidité de cet officier pendant la première nuit du feu ; la direction ferme et intelligente qu'il a donnée aux travailleurs, ainsi que son exemple, ont contribué à exciter l'ardeur de ceux qui l'entouraient.

M. Sabattier a failli être écrasé lors de l'écroulement de l'escalier de gauche, en face du concierge. Il s'est porté ensuite dans un cabinet pour maîtriser l'action de l'incendie, et j'ai pu remarquer que ses vêtements, complétement trempés, ne doivent plus lui rendre de service aujourd'hui.

Paris, le 5 janvier 1860.

Jean Barbès.

Je soussigné, certifie que, le 6 juin 1858, à l'incendie du *Grand Condé*, M. Sabattier, sous-lieutenant, a montré en cette circonstance un courage et un dévouement dignes de tout éloge, tant pour arrêter les progrès de l'incendie que pour le sauvetage des marchandises.

Je l'ai vu ainsi se précipiter au milieu des décombres fumants de cette vaste fournaise, pour disputer au feu quelques-unes de ces pièces d'étoffes qui lui servaient d'aliment.

C'est pour rendre témoignage de la bravoure et du sang-froid de ce digne officier que je délivre le présent.

Paris, le 6 janvier 1860.

DAVOINE,

Cordonnier, 70, rue de Seine.

Je certifie, moi Deluc, restaurateur, rue de l'École-de-Médecine, nº 93, avoir vu M. Sabattier, sous-lieutenant au 79e de ligne, se distinguer d'une manière admirable à l'incendie des magasins du *Grand Condé*, se précipiter dans les flammes et sauver bien des choses très importantes. Il faillit être écrasé dans l'escalier de gauche, lors de l'écroulement; et ensuite, se portant, au péril de sa vie, au millieu des flammes, il a fait l'admiration de tous ceux qui l'entouraient.

Paris, le 7 janvier 1860.

Signé : DELUC.

CHARLES VANROOY,

Rue de Seine, 74.

Je certifie, moi, Vanrooy, tapissier, rue de Seine, 74, avoir remarqué un sous-lieutenant dans l'incendie du *Grand Condé*, se montrant avec beaucoup de courage, afin de pouvoir secourir tout ce qui pouvait se trouver dans le danger. Aussitôt qu'il fut lui-même retiré du danger, j'ai remarqué un monsieur du pays, M. Bouche, le féliciter sur sa belle conduite.

Je l'ai en outre remarqué, au premier étage, avec des soldats du 4e hussards, faire enlever plusieurs objets précieux, et enfin, après être descendu, il se porta aussitôt après à côté d'un individu qui bouchait de sa personne le tuyau où passait le gaz et, nous, M. le commissaire de police Allard, se porter derrière une pompe, et là M. l'officier a fait preuve du plus grand courage en exposant sa vie; ce fait a été complétement affirmé.

En foi de quoi j'ai délivré le présent.

Paris, le 8 janvier 1860.

Signé: VANROOY

Je soussignée, Lise Sauvage, locataire d'une boutique, rue Clément, nº 2, certifie qu'à l'époque de l'incendie du *Grand Condé*, j'ai remarqué avec grand plaisir et bonheur la conduite d'un brave officier, M. Sabattier, sous-lieutenant dans la ligne, qui a fait preuve du plus grand courage et d'un sang-froid très rare en exposant sa vie, et sauva différents objets. Ce digne officier a été d'une modestie admirable, lorsque je l'ai complimenté sur sa belle conduite. Plusieurs sergents de villle l'ont également vu à l'œuvre, principalement M. l'officier de paix Bouche, qui pourra de son côté certifier le noble dévouement de ce brave militaire.

Paris, le 7 janvier 1860.

Signé : SAUVAGE,

Rue Clément, 2.

Je soussigné, Brasset, domicilié rue de Seine, n° 81, déclare avoir remarqué avec une grande satisfaction, le courage et la bravoure que le sieur Sabattier, officier de la ligne, à déployés pendant toute la durée du grand incendie des magasins du *Grand Condé*. J'ai vu avec plaisir l'article que les journaux ont mentionné sur son compte, et je peux attester que, pendant la durée du désastre, il a constamment fait bon marché de sa vie.

Je l'ai même vu porter lui-même des objets dans la maison du côté de la rue de Tournon.

En foi de quoi je lui ai délivré ce certificat.

Paris, le 8 janvier 1860.

Brasset,

Rue de Seine, 81.

Je soussigné, Heroult, marchand tabletier et jouets d'enfants, demeurant à Paris, rue de Seine, n° 70, certifie que M. Sabattier, officier au 79e de ligne, s'est comporté d'une manière admirable pour le sauvetage des objets précieux dans la salle de billard, où je l'ai vu monter, à plusieurs reprises, à une échelle conduisant à cette salle, et a fait preuve d'un grand dévouement et d'intelligence; il s'est porté ensuite dans l'intérieur de la cour pour se mettre à la disposition du colonel des pompiers; il a, en outre, attaché le tuyau d'une pompe crevée, avec plusieurs militaires et civils, et il a fait preuve d'un grand courage pendant toute la durée de l'incendie du *Crand Condé.*

En foi de quoi je lui ai délivré ce présent certificat, pour lui venir en aide en cas de besoin.

Signé : HEROULT

Nous soussignés, certifions qu'à l'époque de l'incendie du *Grand Condé*, notre voisin, qui a eu lieu en juin 1858, avons remarqué que le sieur Sabattier, officier de la ligne, s'est montré digne de notre admiration par son intrépidité et surtout son sang-froid à porter secours et à retirer des flammes diverses marchandises.

Nous constatons qu'il a été jusqu'à la témérité en se précipitant dans la maison incendiée. Ce trait de courage a été accompli au péril de sa vie. Nous déclarons, en outre, avoir vu ce même officier sur les lieux du sinistre jusqu'au lendemain 9 heures 1/2.

En foi de quoi nous lui avons délivré ce certificat, pour lui servir au besoin.

Paris, ce 10 janvier 1860.

GLANDINES et DULAU.

Je soussigné, Charles Vanrooy, tapissier-ébéniste ,demeurant à Paris, rue de Seine, 74, atteste que, lors du moment de l'incendie du *Grand Condé*, j'ai remarqué le courage et le dévouement du sieur Sabattier, officier au 79e de ligne, qui s'est signalé en cette circonstance, en parvenant à dérober aux flammes divers objets de forte valeur.

Du reste, plusieurs personnes peuvent, comme moi, attester avoir vu les preuves de son courage, entre autres M. l'Officier de paix, et l'a lui même félicité.

Paris, le 9 janvier 1860.

Ch. VANROOY

Je soussigné, reconnais avoir vu le sous-lieutenant Sabattier, lors de l'incendie du *Grand Condé*, déployer le plus grand courage au sauvetage des marchandises de l'établissement. Il y a couru même le plus grand danger, lors de l'écroulement du grand escalier, ce qui ne l'a pas empêché de continuer son œuvre, qui est des plus honorables pour un officier qui venait de faire une très grave maladie, d'après ce qu'il m'a dit; d'ailleurs, sa figure indiquait qu'il sortait de maladie.

Signé : Adolphe LARTIGUE.

Je certifie, moi Flicourt, bottier, rue de Seine, 62, avoir remarqué un sous-lieutenant, à l'incendie du *Grand Condé*, se montrant avec beaucoup de courage afin de pouvoir secourir tout ce qui pouvait se trouver dans le danger. Aussitôt qu'il fut lui-même retiré du danger, j'ai remarqué un officier de paix lui causant et le féliciter sur le péril qu'il avait couru.

Signé: Flicourt.

Je soussigné, Cottet, marchand boulanger, rue de l'École-de-Médecine, nº 75, certifie avoir vu le sieur Sabattier, sous-lieutenant au 79e de ligne, se distinguer d'une manière remarquable et digne d'éloges, le soir de l'incendie des magasins du *Grand Condé*, et j'ai eu occasion de lui causer dans la soirée, et me suis aperçu qu'il était très fatigué et avait ses effets complétement perdus et mouillés.

Paris, le 7 janvier 1860.

Signé : Cottet.

Je soussigné, Jules Lacroix, certifie qu'ayant assisté au feu du *Grand Condé*, j'ai remarqué qu'un brave officier a montré beaucoup de courage. Il se nomme Sabattier sous-lieutenant dans la ligne. Même il exposait sa vie au milieu des flammes pour sauver différents objets.

Ce digne officier était également d'une modestie admirable. J'ai remarqué que plusieurs agents de police l'ont également vu à l'œuvre, principalement M. l'officier de paix Bouche, qui pourra de son côté certifier le noble dévouement de ce brave militaire.

Paris, le 13 janvier 1860.

Signé : Jules Lacroix.

Je soussigné, Lambert, certifie que, le 6 juin 1858, le nommé Sabattier, sous-lieutenant au 79e de ligne, a déployé beaucoup de courage à faire tous ses efforts pour préserver autant qu'il lui a été possible l'incendie, et qu'il a plusieurs fois exposé sa vie pour sauver beaucoup de mobilier.

En foi de quoi je lui délivre le présent certificat.

Paris, le 7 janvier 1860.

Lambert BAUDRY.

Je soussigné, Enault, herboriste, parfumeur, rue de Seine, n° 97, certifie que le nommé Sabattier, officier de la ligne, s'est dignement distingué lors de l'incendie du *Grand Condé*, en y déployant un courage incomparable; car il a, à plusieurs reprises, bien risqué sa vie. Cet officier mérite certainement bien récompense honorable; c'est en foi de quoi je lui délivre le présent certificat, pour lui servir au besoin.

Paris, le 10 janvier 1860.

Signé : ENAULT.

Je soussigné, déclare que M. Sabattier, sous-lieutenant au 79e de ligne, et sur le témoignage des personnes qui ont eu l'honneur de lui délivrer des certificats, sur la conduite qu'il a montrée lors de l'incendie du *Grand Condé*.

Conduite pleine de courage, de désintéressement ; en foi de quoi j'ai délivré à cet officier un certificat pour lui servir au besoin.

Paris, le 9 janvier 1860.

Eugène Verdure.

Courtier en vins, rue de Seine, 68

Je soussigné, certifie qu'il m'a été assuré par M. Richard, fleuriste, demeurant rue de Seine, n° 89, que le sieur Sabattier, sous-lieutenant, s'est fait remarquer par son courage dans l'incendie du *Grand Condé*.

MEURANT,

Propriétaire, rue de Seine, n° 68.

Je soussigné, Chayne, marchand de vins traiteur, rue de Seine, 76, avoir vu M. Sabattier, sous-lieutenant au 79e de ligne, faire preuve d'un grand courage et faire transporter par des hommes toutes les marchandises qu'il pouvait sauver, chez M. Richard, fleuriste, et qu'enfin, il a fait preuve d'un grand dévouement. En foi de quoi je lui délivre le présent pour lui servir au besoin.

Paris, le 3 janvier 1860.

Signé : CHAYNE,

Rue de Seine, 76.

Je crois pouvoir être agréable ou sinon utile à M. Sabattier, officier, en déclinant ici le mérite de sa conduite, l'abnégation qu'il a faite de sa personne, lors de l'incendie du magasin du *Grand Condé*. M. le commissaire de police Allard, ainsi que M. Bouche, officier de paix, pourront mieux rendre justice et hommage à son dévouement.

Paris, le 13 janvier 1860.

J. TUMAILLON,

Cafetier, rue de Tournon, 6.

Je certifie, moi Henry, restaurateur, rue de l'École-de-Médecine, n° 89, avoir vu M. Sabattier, sous-lieutenant au 79e de ligne, se distinguer d'une manière admirable à l'incendie du magasin du *Grand Condé*.

Paris, le 7 janvier 1860.

HENRY.

Paris, le 20 février 1859.

Monsieur,

J'ai appris par Me Bouvoust que vous n'avez rien reçu du ministre de la guerre, au sujet de la prolongation de votre non-activité. Je me suis alors informé dans les bureaux du ministère et j'ai su que votre position actuelle était régulière par l'avis seul du conseil d'enquête et que le ministre n'avait pas à prendre une décision à l'égard de cet avis.

Je vous engage, au commencement de la belle saison, à aller dans votre famille.

Recevez je vous prie, l'assurance de mon sincère attachement.

Général Daullé.

Paris, le 19 Mai 1859.

Monsieur,

J'ai vu avec beaucoup de plaisir que vous vous trouvez en état de rentrer en activité; j'ai laissé une note dans les bureaux de la guerre, pour faire hâter le renvoi de votre demande au commandant de la division, afin que vous passiez à un conseil de santé, et je vous recommanderai à **M.** le général commandant à Clermont.

J'espère que cet examen de votre santé vous sera favorable et que vous serez immédiatement placé dans un régiment.

Recevez, monsieur, l'assurance de mon sincère attachement.

Signé: général **Daullé.**

Paris, le 27 Mai 1859.

Monsieur,

D'après ce qui m'a été dit hier dans les bureaux de la guerre, vous allez recevoir une destination au premier moment et, en attendant qu'on vous fasse passer à un conseil de santé, je vous ai recommandé pour qu'on vous envoie à l'armée d'Italie.

Recevez, monsieur, l'assurance de mon sincère attachement et vous conseille de soigner votre santé en vous souhaitant bonne chance vis-à-vis de l'ennemi.

Général Daullé.

Paris, le 14 Juin 1859.

Monsieur,

Je vous ai dit que vous seriez rappelé en activité sans que vous passiez à la visite d'un conseil de santé, mais on s'est ravisé et il est décidé actuellement qu'aucun officier en non-activité ne rentrera dans les corps sans qu'au préalable il ait été reconnu régulièrement qu'il est en état de servir activement; ne manquez donc pas de vous présenter prochainement à l'inspecteur général dans le département où vous êtes, autrement vous ne pourriez pas être rappelé; vous me direz si vous êtes reçu à reprendre du service, afin que je vous recommande de nouveau.

Recevez, Monsieur, l'assurance de mon sincère attachement.

Général Daullé.

Bar-le-Duc, le 13 Août 1859

Monsieur,

Je vous donne ci-joint la lettre que vous m'avez demandée et que je n'ai pu vous envoyer plus tôt, à cause d'un voyage que je viens de faire. Je désire que le conseil déclare que vous êtes en état de reprendre du service actif; mais, comme l'armée vient d'être mise sur le pied de paix, je crains que vous n'attendiez longtemps pour rentrer dans un régiment.

Je vous prie, monsieur, de recevoir l'assurance de mon sincère attachement.

Le général de division du génie,

DAULLÉ.

Bar-le-Duc, le 29 août 1859.

Monsieur,

Je m'empresse de vous remettre la lettre de M. l'inspecteur-général, qui vous propose pour rentrer dans le service.

Je vous félicite de cet heureux résultat, qui, je n'en doute pas, vous portera à prendre tous les soins possibles pour conserver votre santé, afin de jouir des avantages attachés à l'activité du service.

Signé: le général du génie, **Daullé.**

On lit dans le *Constitutionnel* et la *Patrie* du 1er septembre, et le *Siècle* du 2 septembre 1858, l'article suivant :

« Lors de l'incendie du *Grand Condé*, nous avons signalé avec plaisir de nombreux traits de dévouement ; beaucoup nous ont échappé, sans doute ; mais, aujourd'hui, nous nous empressons de mettre au jour la conduite d'un officier, M. Sabattier, né à Jumeaux (Puy-de-Dôme), qui, quoique à peine rétabli d'une grave paralysie, n'a pas cessé de déployer dans ce terrible sinistre le plus grand courage et le plus grand sang-froid.

» M. le préfet de police a, d'ailleurs, témoigné sa satisfaction à M. Sabattier par une lettre des plus flatteuses. Malheureusement, les fatigues éprouvées ont forcé cet officier à retourner au Val-de-Grâce, d'où il sortait à peine lorsqu'eut lieu l'incendie de la Villette, où il s'est encore distingué d'une manière extrêmement honorable pour l'armée. »

On lit dans le *Moniteur Universel* du 15 février 1860 l'article suivant :

« Il y a quelque temps, c'était fête au 85e de ligne : un de ses officiers, M. Sabattier, de Jumeaux (Puy-de-Dôme), sous-lieutenant, reprenait son service, qu'il avait dû cesser par suite d'une attaque de paralysie. Il était guéri et quittait le Val-de-Grâce, lorsque le hasard de la route l'amena rue de Seine, où commençait l'incendie du *Grand Condé*. Ne consultant que son courage, M. Sabattier, oubliant qu'il n'était encore que convalescent, se précipite au plus fort du danger, bouche les conduits du gaz, organise les premiers secours. Sa conduite lui mérite de vives félicitations et une lettre des plus flatteuses. Le préfet de police vient se joindre à tous ces témoignages. Mais une rechute l'obligea à rentrer à l'hôpital, qu'il quittait pour se trouver à l'incendie de la Villette, où il déploya de nouveau un grand courage.

» Son retour au régiment, où l'attendait la récompense due à une carrière de courage et de dévouement, a été salué, comme nous le disions, des plus vives félicitations de ses camarades et de ses chefs. »

On lit dans le *Journal de Paris* du 23 février 1860 :

« UN BRAVE OFFICIER. — Depuis plusieurs jours, les journaux rapportent les traits de courage d'un brave officier, M. Sabattier, sous-lieutenant au 85e de ligne, né à Jumeaux (Puy-de-Dôme), qui s'est particulièrement distingué lors du terrible incendie du *Grand Condé*. Atteint d'une grave paralysie qui l'a cruellement fait souffrir pendant six longues années, M. Sabattier, à peine convalescent, se trouvait, par hasard, sur le théâtre du sinistre. Il n'hésita pas un seul instant à faire le sacrifice de sa santé encore chancelante ; il se mit résolûment à l'œuvre, et fut tellement remarqué, qu'il reçut de M. le préfet de police une lettre de félicitations et de nombreux certificats des habitants du quartier, certificats légalisés, par M. le maire du 11e arrondissement. Quelque temps après, lors de l'incendie de la Villette, M. Sabattier se montra le même : abnégation, dévouement, courage, il employa tout ce qu'il avait d'intelligence et de force à diriger les travailleurs et à combattre personnellement le fléau dévastateur.

» Enfin, tout récemment encore, M. Sabattier se trouvait au Palais-Royal au moment où un incendie s'était manifesté. Il fut promptement éteint, mais le courageux officier ne quitta le lieu du sinistre que lorsque tout danger eut disparu. Aujourd'hui, M. Sabattier est rentré au service, délivré de l'affreuse maladie qui l'a privé de se montrer brave sur nos glorieux champs de bataille, après avoir rendu d'utiles services à ses concitoyens. »

Paris. — Imp. Dubuisson et Ce, r. Coq-Héron, 5. 533

www.ingramcontent.com/pod-product-compliance
Ingram Content Group UK Ltd.
Pitfield, Milton Keynes, MK11 3LW, UK
UKHW020413230726
13925UKWH00004B/1406

9 782014 115567